Friedhelm G. Vahsen

„Teenagerschwangerschaften können aus gelegentlichen Sexualkontakten entstehen."

W0177279

Friedhelm G. Vahsen

„Teenagerschwangerschaften können aus gelegentlichen Sexualkontakten entstehen."

Stilblüten aus
Diplom-, Bachelor- und Hausarbeiten

Mit Karikaturen von Torsten Bähler

ATE

Umschlagbild: Torsten Bähler

Bibliografische Information Der Deutschen Bibliothek
Die Deutsche Bibliothek verzeichnet diese Publikation in
der Deutschen Nationalbibliografie; detaillierte bibliografische Daten sind im Internet über http://dnb.ddb.de abrufbar.

ISBN 978-3-89781-222-2

AT Edition Münster   2013
Auslieferung/Verlagskontakt:
Fresnostr. 2 D-48159 Münster   0 251-20 07 96 10
E-Mail: ate@at-edition.de   http://www.at-edition.de

Inhalt:

1. Einleitung: Schreibfehler, Stilbrüche und Studienreform

Der Druck, gute Noten in den Hausarbeiten und vor allem in den Abschlussarbeiten zu erhalten, ist sicherlich gestiegen. Andererseits wird darüber geklagt, die Notengebung habe sich in den letzten Jahren zu sehr zum Positiven gewandelt. 80 % würden mit Note 2 und besser abschneiden.

Sind die heutigen Studenten fleißiger – oder geben die Professor/innen zu gute Noten, in einer Art stillschweigender Vereinbarung, da sie schließlich von den Studierenden am Ende des Semesters in den einzelnen Veranstaltungen bewertet, sprich evaluiert werden? Gibst Du mir `ne gute Note, geb´ ich Dir `ne gute Bewertung. Schließlich hängt heutzutage die Stellenzulage in der Hochschullehrbesoldung von der Evaluation und den (Selbst-)Reporten zur Forschung und Lehre ab.

Die Studierenden klagen gleichzeitig, dass durch Pisa und Bologna der Druck gestiegen sei, die Studieninhalte würden häppchenweise gereicht werden. Die Professoren hätten häufig ihr bisheriges Lehrangebot nach dem Motto, alter Wein in neuen Schläuchen, in das neue Prokrustesbett der Bachelorstudiengänge ge-

presst.

So geben die Studierenden – in der Regel einige wenige – am Ende des Semester ihre Bewertung zum Seminar ab und beantworten quietschfidel die Eingangsfrage, die überprüfen soll, ob sie tatsächlich in der Lage sind, das Seminarprogramm und den Seminarablauf zu beurteilen: „Haben Sie regelmäßig an der Veranstaltung teilgenommen?" fast immer mit „Ja"! Manchmal kommt es mir so vor, als bedeute dies, einmal am Anfang und einmal am Ende!

Doch es kann auch geschehen, dass man zur Evaluation folgende Mail erhält, denn heutzutage gibt es ja die internen Hochschulinformationssysteme, bei uns Stud.IP genannt:

Sehr geehrter Herr V.:
ich habe gerade die Evaluation beendet und bemerkt, dass ich Sie aus Unachtsamkeit mit einem Kollegen verwechselt habe. Die Auswertung bezüglich des Seminars Familiensoziologie trifft so nicht zu, es würde deutlich besser ausfallen. Dieses möchte ich Ihnen kurz mitteilen, da eine nachträgliche Korrektur ja leider nicht möglich ist. Es tut mir sehr leid!
Ihre Studentin XY

9

Diese und andere Mitteilungen, aber auch das Lesen zahlreicher Hausarbeiten und hunderter Diplom- und Bachelorarbeiten, ließen die Idee reifen, einige Stilblüten zu sammeln und zu illustrieren. Manchmal sind es kleine Schreibfehler, manchmal aber auch Formulierungen, die einen betroffen werden lassen – wie es eine Studentin formulierte – als einige besonders ausgefallende Textpassagen in einem Seminar von mir vorgelesen wurden.

Bisweilen prägen auch der Aufbau der Seminararbeiten, die Einleitung, das Inhaltsverzeichnis, die Kapitelüberschriften und Ein- und Überleitungen die Texte.

Beispiel: „Im folgenden Kapitel werde ich mich mit den Auswirkungen von Gewalt in Familien auseinandersetzen, dann folgt die Kapitelüberschrift, Folgen von Gewalt in Familien und danach die Einleitung: „Jetzt wende ich mich dem Thema: Folgen von Gewalt in Familien zu."

Beliebt ist es auch, in der Zusammenfassung festzustellen: „Das, was ich bisher herausgearbeitet habe, dies wird sich allerdings erst dann umsetzen, wenn sich die gesamte Gesellschaft ändert."

Daraus soll man aber nicht voreilig schließen, dass die Arbeiten häufig unzureichend wären.

Viele gehen mit Elan und großer Sorgfalt an die Sache und im Zeitalter von Guttenberg, nicht dem Buchdrucker, sondern unserem ehemaligen Verteidigungsminister, aber auch anderen Sünder/innen, will man sich absichern und schreibt folgende Mail:

Anfrage von zwei Diplomandinnen, die ihre Arbeit zu zweit geschrieben haben, 14 Tage vor Abgabe: „Nachdem wir nun viele Fragen geklärt haben, die die Zitierweise betreffen, nun noch **eine** abschließende Frage: Wie ist das mit den Textstellen in der Arbeit die von uns selbst sind, müssen wir die kennzeichnen durch Zitierhinweise?"

So oszillieren die Arbeiten zwischen hoher Sorgfalt und Gewissenhaftigkeit, aber auch schnell mal hingeworfenen Skizzen die dann aber erwartungsvoll eingereicht werden mit dem Kommentar: „Ich habe mir sehr viel Mühe gegeben" – Großer Augenaufschlag begleitet die Botschaft der überwiegend weiblichen Studierenden.

Die Korrekturen werden dann häufig so kommentiert: „Das hat mir aber noch niemand gesagt, dass ich bestimmte Kriterien wissenschaftlichen Arbeitens und Zitierens einhalten muss." Oder aber auch: „Bei anderen habe ich viel bessere Noten bekommen?" Manchmal auch, „was kann ich tun, um eine bessere Note zu bekommen?" Gelegentlich schwingt da etwas Irritierendes mit. Sollten Sie „Campus" gelesen oder gesehen haben, dann wissen Sie, was ich meine.

Doch pars pro toto, die heutige Studierendengeneration ist nicht schlechter, sie ist vielschichtiger, sieht im Studium nicht mehr den Lebensmittelpunkt und muss zum Teil ihren Lebensunterhalt durch Arbeit bestreiten, so dass das Studium notgedrungen nicht die Hauptrolle spielt. Nach Nachtwachen in Heimen ist man vielleicht im Seminar am frühen Morgen nicht immer konzentriert. Doch der Zwang, arbeiten zu müssen, erscheint mir manchmal recht seltsam: Auf Exkursionen sitzt der Geldbeutel bisweilen locker. Bei einer Forschungsfahrt nach Amerika z.B. tranken die Studentinnen in einem Jazz-Club in Atlanta mit amerikanischen Studenten um die Wette, recht ominöse Getränke, wie sie flüsternd kundtaten, im Osten unserer Republik 'Orgasmus` genannt, der Pappbecher für 20 US-Dollar.

Sicherlich, gelesen wird weniger. Wikipedia und das gesamte Internet bilden häufig die wichtigste Informationsquelle, Tageszeitungen werden bestenfalls überflogen, verbilligte Studentenabos überregionaler Zeitungen kaum genutzt, auch die Informationen zum politischen und gesellschaftlichen Tagesgeschehen im Fernsehen kaum verfolgt. Unter dem Tisch oder leicht verdeckt hinter der Seminarmappe wird das Handy bedient, es wird gemailt, getwittert, gechattet und gespielt. So ersetzt die jetzige Generation die strickende der 70er und 80er Jahre, das Geklapper der Stricknadeln im Seminar weicht den raschen Handbewegungen der Botschaften schreibenden Handygeneration.

Auf Fragen, was man/frau denn so sieht, um sich zu informieren, antwortet man/frau häufig ausweichend; die Frage nach Tagesereignissen, nach relevanten Zeitungsberichten wird stets von zwei-drei Studierenden beantwortet, aber, „Bauer sucht Frau!" – das kennen alle im Seminar Familiensoziologie.

Doch es geht hier nicht um ein Lamento über die heutige, wenig motivierte Studentengeneration. Vielleicht haben sich nur insgesamt die Prioritäten verschoben. Etliche sind ehrenamtlich engagiert und gestalten ihr Lebensalltag nicht primär konsumorientiert, sondern umweltbewusster als die Generationen davor. In den Seminaren ist der Umgang nicht auf Kritik am Mitstudierenden aus, man prahlt nicht mit dem eigenen Wissen – „wie schon Max Weber geschrieben hat" - und ist nicht herabwürdigend, sondern eher verständnisvoll, allerdings fehlt bisweilen auch die Kritikbereitschaft. Nicht jedes Referat ist gut, doch dies sagt man/frau nicht. Fragt man am Ende nach, wie das Referat zu beurteilen sei, dann ist alles gut.

Kaum jemand sagt, „das war aber nichts!"
Die hier herausgepickten Stilblüten spiegeln folglich nicht die Studienrealität insgesamt wider und es lässt sich daraus nicht primär der Verfall einer akademischen Seminar- und Schreibkultur ableiten, doch es wird dennoch deutlich, die Sorgfalt des Überprüfens von prüfungsrelevanten Texten, des wiederholt Lesens des Geschriebenen, dies weicht bisweilen skurrilen Textbausteinen, deren Konstruktionen einen schmunzeln lassen, aber auch nachdenklich stimmen. Dabei geht es nicht primär um grammatikalische Besonderheiten, die richtige Verwendung des Dativs und des Genetivs, sondern um grundsätzliche Aussagen, die kurios, widersprüchlich sind, aber auch verdeutlichen, offensichtlich wird in der Schule nur noch sehr bedingt Deutsch gelehrt und an den Hochschulen ist „Wissenschaftliches Schreiben und Arbeiten" zwar im Angebot, wird jedoch augenscheinlich nicht systematisch vermittelt. Jetzt spricht man von e-learning, blended-learning, bietet spezielle Kurse zu Vermittlungstechniken und Präsentationen an, doch die Grundlagen gehen verloren oder werden erst gar nicht vermittelt.
Eine aktuelle Studie - visible learning - des neuseeländischen Bildungsforschers John Hattie verweist

darauf, der Lernerfolg hängt wesentlich von der Fähigkeit des Lehrers ab, also müssen wir uns selbstkritisch fragen, was tragen wir an den Hochschulen dazu bei, dass die Abschlussarbeiten bisweilen kaum das Aneignen der Grundlagen wissenschaftlichen Arbeitens verraten und offensichtlich die Vermittlung von Wissen, sprich schnödes Fachwissen, vernachlässigt wird . Die „Zeit" hat diesem Thema einen umfangreichen Artikel gewidmet (Nr. 2/2013).

Wenn eine Berufspraktikantin in ihrem Abschlussbericht nach dem Anerkennungsjahr festhält: „Offensichtlich war mein Interesse an geregelter Arbeit größer als das meines Anleiters", dann ist dies sicherlich ein Einzelfall, doch worauf verweist die Feststellung einer Zweiten: „Mein Anleiter und ich, wir hatten viel Spaß miteinander?" Ist dies Ausdruck gewonnener Professionalität?

Als ich vor Jahren im Rahmen einer Tagung der Arbeitsgemeinschaft der Jugendhilfe (AGJ) darauf verwies, welche Bedeutung das Lernen am Vorbild der jeweiligen Hochschullehrer für die Ausbildung von Pädagogen hätte, wurde dies von einer renommierten Erziehungswissenschaftlerin vehement zurückgewiesen, selbst einem Doyen der universitären Sozialpädagogik erschien dies fragwürdig und eine Vorsitzende eines Erzieherverbandes war geradezu empört ob dieser auch damals schon wissenschaftlich begründbaren These. Thaler und Sunstein verweisen in ihrem aktuellen Werk zum Thema Nudge (Anstupsen) auf die Notwendigkeit, Menschen durchaus sanft anzuhalten, sie in eine bestimmte Richtung zu leiten, da ihr Verhalten sich häufig an Urteilsheuristiken orientiere, die nicht der Realität entsprechen würden. Dies gelte auch für Studierende, da diese ihre Noten häufig unrealistisch, nämlich zu gut, einschätzen würden.

Die Frage ist also: Was wurde in vorhergehenden Bildungsinstitutionen zugrunde gelegt, was wird in den einführenden Veranstaltungen in das wissenschaftliche Arbeiten an der Hochschule vermittelt und welche Begleitung gibt es bei der Erstellung von schriftlichen Arbeiten und last not least, gibt es angemessene, regelmäßige Leistungsüberprüfungen? Ja, Sie lesen richtig!

Manche Arbeit, die heute als Plagiat entlarvt wird, hätte bei systematischer Begleitung erst gar nicht in der vorgelegten Weise entstehen können! Wenn man sich über Lern- und Schreibfortschritte systematisch informieren würde, dann könnte sicherlich so manches Abkupfern verhindert werden.

Ich erinnere mich an eine Arbeit, die fast wörtlich aus einem bereits publizierten Buch abgeschrieben wurde. An einer Stelle hatte der Examenskandidat aber formuliert: „Wie ich schon in meiner letzten Talk-Show ausgeführt habe, bin ich der Meinung!" Der Kandidat hat mir übrigens Jahre später brieflich versichert, dass diese Arbeit schon an einer anderen Hochschule eingereicht worden war. Er bedankte sich übrigens in diesem Schreiben für das Aufdecken seines versuchten Betrugs, daraus habe er viel gelernt. Später wurde er Leiter einer großen Bildungseinrichtung.

Der kurioseste Versuch einer Fälschung war aber für mich das Einreichen einer Arbeit – spannenderweise zur Studentenbewegung der 68iger – bei der nur der Umschlag abgerissen, durch ein neues Deckblatt ersetzt und dies dann als Diplomarbeit ausgegeben und beim Prüfungsamt abgegeben wurde.

Hier geht es aber insgesamt nicht um bewusste Fälschungen, sondern diese Sammlung möchte Arabesken, Stilblüten, Wortschöpfungen und widersprüchliche empirische Vermutungen und kuriose Feststellungen in Abschlussarbeiten wiedergeben. Diese signalisieren paradoxerweise das Bemühen um eine gelungene Abschlussarbeit, die Anstrengung, gerade unter

Leistungsdruck etwas Sinnvolles, möglichst wissenschaftlich Klingendes, zu Papier zu bringen. Das Zerlegen, Zurechtschneiden von aufeinander aufbauenden Vorlesungen und Seminare durch die Bologna-Reform bewirkt auch eine Verdichtung der Lerninhalte und zunehmenden Zeitdruck bei der Erstellung von

Prüfungsarbeiten.

Aus zweisemestrigen Veranstaltungen wurden einsemestrige, die Bachelorthesis muss in erheblich kürzerer Zeit – zwei Monaten – geschrieben werden. Beschleunigung und Verdichtung sind die Stichworte neuerer soziologischer Analysen. Hartmut Rosa spricht vom „rasenden Stillstand".

Doch nicht nur Studierende liefern Stilblüten. Eine der schönsten findet sich im Vorlesungsverzeichnis aus der Gründungsphase unserer Fakultät. Die Ankündigung eines Seminars sollte lauten:

„Unbekannte, aber bedeutende Pädagogen." Daraus wurde: „Bekannte, aber unbedeutende Pädagogen."

Nicht ohne Ironie: Es gab Nachfragen von außerhalb, auf wen wir uns denn da beziehen würden! Dies aber haben wir natürlich nicht verraten. Auch heute noch nicht!

Doch das Seminar war übervoll!

21

2. Zur Seminarteilnahme

Ein Student schrieb: „Da meine Mutter heute gestorben ist, kann ich in den nächsten Wochen leider nicht in ihr Seminar X kommen. Ich bitte um Verständnis."
Derselbe wandte sich entschuldigend im nächsten Semester an mich: „Leider kann ich die nächsten Wochen nicht ins Seminar kommen, da meine Mutter ins Altersheim kommt und ich alles regeln muss!"
Ein Anderer teilte mir mit: „Da sich heute der Schornsteinfeger angemeldet hat, kann ich heute erst nach 12h ins Seminar kommen."
Es ist erstaunlich, wie viele Fahrzeuge auf dem Weg zur Hochschule defekt liegen geblieben sind, Fahrräder gestohlen wurden, Züge verspätet oder ausgefallen sind oder einfach „wichtige andere Termine" da waren.
Eine Studentin, die aus größerer Entfernung kommt, sandte mir folgende Nachricht:
„Ich nehme nur an Ihrem und einem zweiten Seminar teil, da dieses ausfällt, komme ich diese Woche nicht." Mein Hinweis, sie könne vielleicht stattdessen in der Bibliothek lesen und arbeiten, konterte sie mit dem Hinweis: „Dies sei wohl ein sehr moralischer Rat!"

23

3. Zu den Anforderungen an Prüfungsleistungen

Anfrage per Mail: „Ich bin auf einen vierseitigen Zeitungsartikel gestoßen. Reicht dieser aus zur Vorbereitung auf die mündliche Prüfung im Modul X aus oder muss ich darüber hinaus noch etwas lesen? Bitte um kurzfristige Nachricht",
Ihre Studentin B.

Ein Anderer schrieb:
„Sehr geehrter Herr V., letzte Woche im Seminar haben wir besprochen, dass ich nächste Woche aus dem Buch ´Familiensoziologie` von Schneider das Kapitel ´Paarbeziehung` präsentieren soll. Allerdings ist das Buch sowohl in der Unibibliothek als auch in der HAWK-Bibliothek vergriffen. Hätten Sie dieses Buch da, so dass ich es mir leihen kann oder soll ich es nur einfach so schriftlich ausarbeiten?"
MfG

Um eine Teilnahmebescheinigung zu erhalten, sollte man „aktiv an dem Seminar mitgearbeitet haben", so die Prüfungs- und Studienordnung. Die Anwesenheit von Studierenden wird von mir aus Prinzip nicht kontrolliert. Auf meinem eigenen Studienbuch - einer bayerischen Universität war ausdrücklich vermerkt: „An dieser Hochschule wird nicht testiert!" Daran halte ich mich noch heute in meinen eigenen Vorlesungen. Allerdings müssen die Seminarteilnehmer/innen meiner Seminare Verlaufsprotokolle am Ende eines Semesters vorlegen, um die Teilnahme bestätigt zu erhalten, von mir „Mappe" genannt. Etliche Studierende zeigen am Ende eines Semesters voller Stolz ihre Mitschriften. Andere sagen, „ich war doch regelmäßig da." Manche kopieren ein paar Seiten aus dem Internet und beklagen sich bitter ob des hohen Anspruches, fortlaufend den Seminarinhalt dokumentieren zu müssen. Viele legen jedoch nicht nur umfangreiche, sondern sehr systematisch angelegte Zusammenfassungen, Kommentare, ergänzt durch fortführende Literaturhinweise, Zeitungs- und Zeitschriftenartikel, vor. Kurz, ein nicht unerheblicher Teil der jeweiligen Seminarteilnehmer/innen bearbeitet intensiv das jeweilige Seminarprogramm. Diese Idee, durch das Anfertigen eines Seminarskripts die Mitarbeit etwas zu fördern, habe ich übrigens von einem meiner Söhne übernommen, für den dies während seines Studiums an einer bekannten amerikanischen Universität *wöchentliche* Pflicht war.

4. Empirische Sozialforschung

Als ein nicht unwichtiger Teil des Studiums werden in den sozialpädagogischen Studiengängen Grundlagen der quantitativen und qualitativen Sozialforschung vermittelt.

In einführenden Veranstaltungen zur quantitativen Forschung lernt man Hypothesen zu bilden, einen Fragebogen zu gestalten, der ausgewertet werden kann und Hypothesen zu überprüfen. In den Veranstaltungen zur qualitativen Forschung erwirbt man Kenntnisse, wie man Interviews durchführt und interpretiert oder auch Texte, Dokumente, Bilder und Fotos etc. auswertet. Die qualitativ-orientierten Seminare erfreuen sich im Regelfall größerer Beliebtheit. Die Methoden der qualitativen Forschung erfordern vor allem die Sensitivität des Forschers, es geht um das behutsame Erfassen der jeweiligen Lebensrealität des Befragten.

Dazu fertig man, nachdem Fragestellungen entwickelt worden sind, häufig einen Leitfaden für die Interviews an, der möglichst dazu beitragen soll, ein Gespräch in Gang zu setzen, in dem die Befragten ihre Geschichte aus ihrer Sicht berichten. Es geht um eine Narration. Dazu dient häufig eine das Gespräch öffnende Fragestellung:

„Bitte, fangen Sie doch mal von Anfang an zu erzählen: Wie kam es dazu, dass Sie sich entschieden haben, auszuwandern", so unsere Eingangsfrage bei der Untersuchung der Migrationsmotive von Deutschen der Nachkriegszeit nach Amerika.

Man hofft, dass der Befragte dann ausführlich zu erzählen beginnt. Der Leitfaden dient dazu, behutsam Punkte anzusprechen, über die man gerne mehr wissen möchte, bisher von dem Interviewten aber nicht erwähnt wurden. So z. B. „Können Sie mir noch etwas mehr über ihre Familie erzählen?" Pierre Bourdieu hat einmal geschrieben, „diese Interviews dürfen kein Verhör sein!" Erst am Ende kann man noch präziser nachfragen. „Mir ist nicht ganz klar geworden, was Sie zu Folgendem gesagt haben?"

Der Leitfaden stellt also den Orientierungsrahmen für das Gespräch.

Eine hier im Original wiedergegebene Stud.Ip-Nachfrage dazu:

„Die Interviweweitfragen, die wir machen, können auch für eine Pl gemacht werden oder? Weil ich grad mit einer Kommilitonin unterschiedliche Meinungen haben. Ansonsten habe ich das nämlich falsch verstanden." Was war hier gemeint?

27

Zur Forschungspraxis:
Bei einer ersten Übung, ein Gespräch zu führen, sollten die Studierenden im Seminar sich zum Thema „Wege zum Studium" wechselseitig interviewen. Anfrage einer Studierenden, die bei der ersten Sitzung nicht anwesend war:
„Leider konnte ich zum Seminar nicht kommen, kann ich die Übung auch **alleine** machen?"

28

In einem Seminar zu Erfassung der Bedeutung von Eltern-Kind-Gruppen, in denen sich überwiegend Mütter mit Babys treffen, haben wir für die Befragung der Mütter und Kursleiterinnen gemeinsam einen Leitfaden entwickelt, erprobt und die Studierenden erhielten dezidierte Hinweise zur Durchführung der Gespräche. Dazu gehörte auch, sich vorzustellen, die Interviewten in einem Vorgespräch behutsam vorzubereiten, um die mögliche Anspannung zu verringern. Die erfolgten Gespräche wurden dann nach bestimmten Regeln verschriftet, man sagt dazu transkribiert und anschließend am Text orientiert ausgewertet. Dazu gibt es verschiedene Methoden.

Am Ende des Semesters erhielt ich die Ausarbeitung eines Zweierteams, ein Student hatte protokolliert, ein zweiter stellte die Fragen. Offensichtlich hatten sie aber die Methode völlig missverstanden.

Der Interviewer begann: „Wir haben da so´n Fragebogen ausgearbeitet, den sollen Sie jetzt beantworten. Es sind genau 10 Fragen. Wir wollen rauskriegen, warum Sie an diesen Kursen teilnehmen? Noch Fragen dazu? Also fangen wir an: 1. 2. 3. usw."

Eine Studierende brachte zum Interview in einer Bildungsstätte, von uns Gespräch genannt, um möglichst

wenig Stress herbeizuführen, schon detailliert ausge-
arbeitete Plakate und konkret vorformulierte Fragen
mit und bat um einen Flipcharthalter, um dort die Bö-
gen anzubringen. Einstweilen legte sie die Plakate auf
die dortigen Tische und begann die Fragenbereiche
detailliert zu erläutern. Dass dies dem Prinzip der
narrativen Gesprächsführung widersprechen würde,
war in der nachbereitenden Veranstaltung nur schwer
zu vermitteln.

Doch zu den Forschungsmethoden und -ergebnissen
gibt es noch weitere Hinweise:

In einer Arbeit, in der Interviews mit ausländischen
Jugendlichen ausgewertet wurden, stellt die Verfasserin fest „Um die Ergebnisse möglichst wenig zu ver-
fälschen, habe ich deshalb stark darauf geachtet, meine Formulierungen genauso zu wählen, dass die Aussagen der Teilnehmer in eine bestimmte Richtung
gelenkt werden."

Aus einer Master-Thesis:
Eine geplante quantitative Studie sollte zunächst anhand eines Pretests auf die Anwendbarkeit hin über-
prüft werden. Der Kandidat zog aus diesem Pretest
die Folgerungen: „Nach dem Pretest wurde der Frage-

bogen nochmals überarbeitet und die Fehlerquellen bei den Fragestellungen optimiert."

Aus einer Darstellung zu einer anonymen Umfrage - anhand eines Fragebogens - zum Renteneinkommen, wie es die Studierenden auch den Befragten mitgeteilt hatten, präzisierten die Verfasserinnen ihre Auswertungstechnik:

„Es wurden fünf Fallbeispiele von Ehepaaren in Ost- und Westdeutschland ausgewählt: Da die quantitative Befragung anonym war, wurden die Ehepaare anhand der gleichen Angaben und Schrift sowie der aufeinander folgenden Nummerierung ermittelt."

Offensichtlich ist ein mündliches Interview nicht immer ein mündliches:

Eine Examenskandidatin schreibt in ihrer Einleitung zur Diplomarbeit: „Ich stelle hier ein Fallbeispiel vor und beziehe mich auf einen Briefwechsel mit N. und darüber hinaus ein mündliches Interview mit ihm. Der Kontakt zu N. verlief aber nur über den schriftlichen Verkehr."

Doch es gibt auch grundlegende wissenschaftstheoretische Einsichten:

„Der Pädagoge H.S. behauptet, dass wissenschaftliche Antworten nur vorläufige Antworten seien, die man jedoch nicht belegen kann. Gut, dass die Kindheitsforschung auch nur objektiv ist!"

Das sog. Bildungs- und Teilhabepaket soll Kinder fördern, deren Eltern Arbeitslosengeld, Sozialhilfe, Kinderzuschlag oder Wohngeld beziehen. Es geht um Teilnahme an Klassenfahrten, Lernförderung, Mitgliedschaft in Sportvereinen, musikalische Förderung etc. Kurz um individuelle Förderung und die Chance, soziale und kulturelle Einrichtungen stärker nutzen zu können. Dieses Angebot wird sehr unterschiedlich wahrgenommen. Unmittelbar nach der Einführung des Förderprogramms wurde untersucht, wie viele der Anspruchsberechtigten diese Förderung beantragt haben. Nach einer ersten Befragung war dies nur knapp die Hälfte. Die Umfrage verwies auf die Kenntnis des Programmes von 91 Prozent der Anspruchsberechtigten.

Die Verfasserin einer Hausarbeit stellte dazu fest:

„Das Bildungs- und Teilhabepaket ist bereits zwei Monate nach der Einführung bei 91 Prozent der Bezieherinnen bekannt."

5. Familien

Es ist eine der gängigen soziologischen Feststellungen zum Leben von Menschen heute, Familienformen haben sich pluralisiert. Die Zahl der Alleinerziehenden steigt, die Scheidungsziffern sind hoch, das heutige Leben ist eine mögliche Folge aus Single-Dasein, Gebunden-Sein, Getrennt-Sein, Wieder-Gebunden-Sein usw.

Frauen entscheiden sich Kinder ohne (festen) Partner großzuziehen, da Männer sowieso kaum mithelfen. Es bleibt offen, ob Männer sich wandeln, „Familie heißt Arbeit teilen" – so der Titel eines Buches von Tomke König, mehr Forderung, denn Realität.

Doch, was haben die Studierenden herausgefunden?

„Zunehmend männliche Unterstützung der Frau im häuslichen Bereich wird dabei durch originär dem Mann zugeordnete Merkmale befördert, indem die männlichen Merkmale ihre Funktion auch in ursprünglich weiblich dominierten Tätigkeitsbereichen erfüllen. Diese Tätigkeiten werden dadurch gewissermaßen männlich ´eingefärbt´."

Verstanden?

Noch etwas zum familialen Wandel und zur Bedeutung der Ehe:

„Es gibt also nicht den EINEN Haushalt, wie man es sonst in der traditionellen Familie gewohnt war. Mit ´sexuell nichtexklusiven Paargemeinschaften` wird gemeint, dass mindestens ein Partner im Einverständnis des anderen, sexuellen Kontakt zu einer weiteren Person pflegt. Nun folgen dazu einige Fakten: Über den Mikrozensus wurde ermittelt, dass in weniger als einem Drittel der Haushalte Paare mit Kindern leben. 36,0 % aller Haushalte sind Single-Haushalte ohne Kinder."

Weitere Erkenntnis zu den Familienstrukturen:
„Wenn es um das Durchschnittsalter des ersten Kindes geht, liegt es in Westdeutschland bei 29 Jahren. Allein aus biologischen Gründen ist es unwahrscheinlich, dass der Trend weiter nach oben steigt."

Zu Teenagerschwangerschaften:
Trotz moderner Verhütungsmittel ist die Kenntnis (und deren Anwendung) bei jungen Menschen darüber geringer als vielleicht vermutet. Die „Bravo" als Aufklärungszeitschrift für Teenies hatte in einer Auftragsuntersuchung festgestellt, dass ca. 20 Prozent der Jugendlichen nicht über Verhütung Bescheid wissen. Jährlich gibt es einige tausende Teenagerschwangerschaften. Wie kommt es dazu?

Dazu gibt es neueste Erkenntnisse. Die Autorin stellt fest:

„Teenagerschwangerschaften können aus gelegentlichen Sexualkontakten entstehen."

Doch es gibt noch weitere Einsichten: „Kritisch ist dazu anzumerken, dass wie bereits oben beschrieben, heute immer mehr Mädchen schwanger werden, allein schon durch die biologische Bestimmung!"

Aber es gibt noch eine bisher nicht erfasste Ursache von Schwangerschaften bei sehr jungen Mädchen:
„Wie schon in Punkt drei dargestellt, ist das schulische Versagen eine der häufigsten Ursachen einer Schwangerschaft, was daraus folgt, dass sie – die Schülerinnen, die Schule vorzeitig verlassen."

Doch was kann zur Prävention geschehen?
„In der Schule wird in zwei Unterrichtsstunden Aufklärung als reine Wissensvermittlung angeboten, welches ein Problem ist sowie nicht ausreicht. Sie brauchen Praxis-Wissen über Sexualität. Dies sollte ihnen anschaulich und spielerisch näher gebracht werden, denn wenn Jugendliche kurz davor stehen, empfinden sie die Situation als aufregend und überraschend, nicht wie in der Schule vermittelt und im Lehrbuch gelesen."

Auch noch Ungeborenen wird manches zugemutet:
„Schon während der Schwangerschaft besteht die Möglichkeit, dass jugendliche Mütter (unbewusst) ihren Kindern die Aufgabe übertragen, sie aus ihrer ggf. problematischen Lage zu befreien. Dies übersteigt die kindliche Vorstellungen und sie können der Realität nicht standhalten."

Doch woran orientiert sich die werdende Mutter?
„Aufgrund der Umstände der Zeugung, des Beziehungsstandes, der Zukunftsaussichten und des geistlichen (sic!) Entwicklungsstands beurteilt die werdende Mutter ihre Schwangerschaft."

Schließlich kommt die Autorin zum beschwichtigenden Fazit: „Die Medien übertreiben durch diverse 'Reportagen' und Sendungen das Bild über schwangere Teenager und provozieren eine falsche Wahrnehmung der Konsumenten. Dies erscheint mir im Prinzip eine beruhigende Nachricht zu sein."

Die Arbeit schließt mit der Erkenntnis:
„Die bisherigen Ausführungen verdeutlichen, wie breitgefächert das Thema der Teenagerschwangerschaften angelegt ist. Aus diesem Grund entwickelt sich häufig ein Kommunikationslücke zwischen Erwachsenen bzw. eine in der gesamten Gesellschaft."

Ein zentrales Thema, das immer wieder in Hausarbeiten, Referaten und BA-Arbeiten abgehandelt wird, ist das Thema Gewalt. Gewalt als sexuelle Gewalt gegenüber Kindern und insbesondere Frauen. Es geht um sexuellen Missbrauch. Ein wichtiges, betroffen machendes Thema.
Doch warum neigen Menschen zur Gewalt in Familien?
Eine Studentin stellt folgendes fest:
„Laut G. gibt es elf Faktoren, die dazu führen, dass eine Familie zu Gewalt neigt, anstatt eine angemesse-

ne Erziehung und Sozialisation zu vermitteln. Er beschreibt die gemeinsam verbrachte Zeit als einen der Risikofaktoren. Denn je mehr eine Familie an Zeit miteinander verbringt, desto mehr Potential ist Konflikten geboten und könnte nach G. zu Gewalt führen."

Die Autorin kommt noch zu folgender Erkenntnis: „Des Weiteren verbringen Familienmitglieder nicht nur einen Großteil ihrer Zeit miteinander, ihre Interaktionen umfassen auch eine viel größere Bandbreite als außerfamiliale Aktivitäten und Konflikte treten dort häufiger auf. Nach G. scheint die Intensität der Beziehung eine Ursache für Gewalt in Familien zu sein. Die Familieninteraktionen weisen, verglichen mit außerfamilialen Interaktionen, eine einzigartige Prägung in Bezug auf Kommunikation, Bündnisse, Grenzziehungen und Affekten auf."

Zur empirischen Erfassung der Gewalt gegenüber Frauen stellt eine Studentin fest:
„Fünf Millionen Frauen sind jährlich von Gewalt bedroht. Jene **kleine** Gruppe von Frauen."

Wer verursacht Gewalt in Familien?
Welche Rolle einzelne Familienmitglieder spielen

können, wird ebenfalls verdeutlicht; „Die Zugehörigkeit zu einer Familie bedeutet auch, dass das mächtigste Familienmitglied das Recht hat, die Wertvorstellungen und Einstellung der anderen Mitglieder zu beeinflussen."

Als Ort der Gewalt stellt die Autorin lakonisch fest: „Gewalt gegen Kinder wird meist dort ausgeführt, wo die Kinder leben."

Doch was ist die entscheidende Ursache von Gewalt? Im Resümee kommt die Verfasserin zu der Erkenntnis: „Wie in meiner Ausarbeitung schon erwähnt, ist die Gewalt in Familien eine Reaktion auf die moderne Ideologie der heutigen Familien. Durch die Wiedereinsetzung und nicht Einhaltung des Familienideals werden Kinder durch ihre Eltern mit Gewalt bestraft."

Fraglich erscheint, ob insgesamt die Kriminalitätsrate gestiegen ist und wer diese Taten begeht? Eine Studierende schreibt dazu. „Da eine sinkende Kriminalitätsrate in den letzten Jahren zu erkennen ist, erstaunt es nicht, dass es in der Geschlechterstruktur beim ersten Betrachten so aussieht, als ob das weibliche Geschlecht die kriminellen Handlungen erhöht hätte."

44

45

Welche Auswirkung hat Gewalt auf die Formung einer Persönlichkeit?

„Die Entwicklung von Selbstsicherheit, Konfliktlösung, Vertrauen in die eigenen Fähigkeiten sind die Ergebnisse von einer sicheren emotionalen positiven Entwicklung. Diese Eigenschaften sind aber Kindern mit Gewalterfahrung **vorbehalten**."

Weitere Erkenntnisse zu den Folgen sexueller Gewalt gegenüber Frauen:

„Die Reaktionen auf sexuellen Missbrauch sind verschieden, doch hat man herausgefunden, dass Frauen, im Gegenteil zu missbrauchten Männern, die Schuld bei sich suchen und infolgedessen mit Selbstverstümmelung reagieren. Solche Verhaltensweisen erzeugen jedoch Endorphine, die sogenannten Glückshormone, was dazu führen kann, dass eine Reaktion darauf die Sucht ist. Der Augenblick des Ausübens löst ein gutes Gefühl aus und die Realität wird ausgeblendet."

Eine Autorin stellt verschiedene Definitionen des sexuellen Missbrauchs vor und fährt dann fort, „Laut A. und W. wird der Begriff ´Sexueller Missbrauch` kritisiert, weil der Ausdruck ´Missbrauch` den möglichen *richtigen* Gebrauch von Kindern indiziert. Die geltenden Regeln innerhalb der Familie und die Absichten der Erwachsenen spielen bei der Entscheidung, ob ein sexueller Missbrauch vorliegt oder nicht eine große Rolle."

Welche Auswirkungen hat sexuelle Gewalt bei Jungen und Mädchen?
„Verschiedene Untersuchungen ergaben, dass sich die Auswirkungen von sexuellem Missbrauch bei Jungen nur sehr wenig von den Auswirkungen von Mädchen unterscheiden.

Dieses wird von den meisten Forschern als verwunderlich angesehen. Die geringfügigen Unterschiede machen sich in den Bewältigungsstrategien der Mädchen und Jungen deutlich."

Die Verfasserin fährt dann fort: „Die Mädchen zeigen bei der Bewältigung überwiegend Verhaltensweisen, die sich nach **innen** wenden. Sie ziehen sich zurück und versuchen, ihre empfundenen Schmerzen und Leiden alleine zu verarbeiten.

Dabei wird autoaggressives Verhalten, bei dem sich die Mädchen selber Wunden zufügen oder Anorexie (…) als ein typisches strategisches Verhalten zur Bewältigung der Situation gesehen.

Jungen verarbeiten diese Situation mit Verhaltensweisen, die sich nach **außen** richten. Dabei kommt es oft zu Situationen, in denen sie sich körperlich auseinandersetzen, ihre eigenen Grenzen testen, Gewalt inszenieren oder auch Schul- und Leistungsproblem auftreten."

Soweit die kleinen Verarbeitungsunterschiede.

48

Neuestes zur Korrelation von Bildung und Gewalt:
„Je mehr Gewalterfahrung das betroffene Kind gesammelt hat, desto niedriger kann das Bildungsniveau
der Familie sein!"

Wie kann Gewalt gegen Kleinkinder erfasst werden?
„Bei Kleinkindern kann ein Indiz für Gewalterfahrung sein, dass Freude an Kommunikation fehlt und
die Suche nach Aufmerksamkeit stark ausgeprägt ist."
Doch auch Präventionsansätze gegen Gewalt werden
skizziert. Zur Frage der familienbezogenen Prävention gegenüber sexueller Gewalt gibt die Autorin
folgende Hinweise: „Auch die persönlichen Wünsche,
zum Beispiel alleine im Badezimmer zu sein, sollte
das familiale Umfeld respektieren. Dadurch lernt das
Kind auf seinen Körper Grenzen zu setzen."
Dann fährt die Verfasserin fort: „Solche Übungen
bzw. Vorgehensweisen findet man auch oft in Schul-
klassen wieder."

„Im Alltag unterscheiden wir Mann und Frau aber
nicht nach biologischen Merkmalen, sondern wir erkennen diesen anhand von äußerlichen Bestandtei-
len." - so der Orginaltext.

Auch die justitiablen Konsequenzen von Gewalthandlungen gegenüber Anderen müssen berücksichtigt werden:

„Da der Wert eines Körpers eine sehr individuelle und nicht messbare Wertigkeit darstellt, finde ich eine zusätzliche finanzielle Strafe für angemessen, jedoch nicht als alleinige."

6. Scheidung, Ursachen und Folgen:

Neben der Analyse von familialer Gewalt ist ein weiteres zentrales Thema für angehende Sozialarbeiter/innen die Auseinandersetzung mit den Auflösungstendenzen familialer Strukturen. Betrachtet werden die Lebenslagen von Alleinerziehenden, von Stieffamilien von alternativen Lebensformen bis hin zu Regenbogenfamilien.

Da etwa jede dritte Ehe geschieden wird, derzeit jährlich ca. 170 000 Kinder von einer Scheidung betroffen sind, ist nicht nur die Analyse der vielfältigen Ursachen von Scheidung wichtig, sondern es geht um die Folgen einer Scheidung für Eltern, aber insbesondere auch für die Kinder. Konsequenterweise ist dieser Bereich häufig Gegenstand von schriftlichen Arbeiten.

Die dazu vorliegenden Untersuchungsergebnisse sind jedoch teilweise sehr widersprüchlich. Die eine Studie besagt, die Folgen einer Scheidung sind für die Kinder langfristig und kulminieren im Erwachsenenalter. Die zweite Studie betont, im Regelfall sind die Verhaltensauffälligkeiten von Kindern nach zwei Jahren verschwunden. Eine andere Langzeitstudie arbeitet heraus, Jungs leiden mehr unter einer Scheidung;

die nächste - ebenfalls eine Langzeitstudie - widerspricht dem mit Vehemenz, hier wird festgestellt, Mädchen seien die Verlierer, vor allem im Erwachsenenalter. Sie hätten große Bindungsprobleme.

Doch was haben die Studierenden herausgefunden? Generelles:

„Die meisten Scheidungen erfolgen aktiv durch einen oder beide Elternteile, allerdings nur bedingt aus eigenem Wunsch!"

Aus einer Arbeit zu Scheidungsvätern: „Wenn die Kinder den Wunsch äußern, ihren Vater nicht mehr zu sehen, so hat die Mutter zuvor ihnen diese Wahlmöglichkeit gegeben."

Oder an anderer Stelle: „Eine Scheidung ist endgültig, aber ob sie die Beziehung beendet, ist lange noch nicht gesagt. Eine Scheidung und eine Trennung sind zweierlei. Wahrscheinlich gibt es mehr misslungene Trennungen."

Zur Scheidung und den Folgen der Scheidung für Männer und Frauen stellt die Autorin fest:

„Nach den Untersuchungen von Amendt hängen 29 % Männer noch an ihren Frauen und können sich einen

Neubeginn vorstellen. Die Männer werden nicht gefragt, was für Schritte sie deshalb unternehmen. Aber die Interviews ergaben, dass die Mütter ihr Kind benutzen um die Beziehung fortzusetzen. Die Kinder werden dabei für die sexuellen Wünsche der Frauen eingesetzt."

Zur Scheidung und den Auswirkungen auf die Kinder wird bilanziert:
„Eine der schönsten Momente für das Kind nach der Scheidung ist es, über sie mit einem Elternteil zu reden. Wenn der Vater, aber dieses Bedürfnis nicht wahrnimmt, wird dieses Erlebnis dem Kinde vorenthalten."

Vom Umgang des Vaters und der Mutter nach der Scheidung mit dem Kind:
„Im Gegensatz zum Vater hat die Mutter keine Möglichkeit das ständige Zusammensein nur lustvoll zu gestalten."

54

7. Gesellschaftliche Umbrüche:

Doch nicht nur die Familienformen verändern sich, der demographische Wandel gerät in den Blickpunkt. Wie soll nun Soziale Arbeit auf das Älterwerden der Menschen reagieren? Wie sieht das Generationenverhältnis in Zukunft aus? Werden die „Alten" ärmer, werden die Alten wieder mehr gebraucht bei der Erziehung der Enkel, da die Eltern überwiegend arbeiten?

Die Antworten darauf sind überraschend:

In einer Diplomarbeit zum demographischen Wandel und wie Soziale Arbeit darauf reagieren sollte, stellte der Kandidat fest:
„Ich denke, dass es aus ethischen Gründen keine Todespille und auch nicht weniger medizinische Versorgung für alte Menschen geben wird. Allerdings bin ich schon der Meinung, dass hier etwas getan werden muss."

An anderer Stelle zum selben Thema:
"Oft wird der bevorstehende Bevölkerungsschwund als soziale und wirtschaftliche Bombe dargestellt. Doch in Wirklichkeit bietet der demographische Wandel viele übersehende (sic!) Chancen. Das Schrumpfen der deutschen Bevölkerung bedeutet zunächst einmal, dass die Zeiten der Plattenbauten und des Wohnungsmangels, der Staus und Wartezeiten, der zu kleinen Klassenzimmer und überfüllten Hörsäle vorbei sind."

Aus einer weiteren Arbeit zum demographischen Wandel:
„Beim Lesen des Buches „Das Methusalem-Komplott" von Frank Schirrmacher habe ich mir selber die Frage gestellt, ob ich überhaupt alt werden möchte. Lohnt es sich wirklich die Folgen der Bevölkerungsentwicklung zu ertragen? Denn wenn ich alt sein werde, wird das auch ein erheblich großer Teil der Bevölkerung sein. Auf der anderen Seite ist es schon spannend zu sehen, wie Deutschland in den nächsten Jahren auf die Bevölkerungsentwicklung reagieren wird. Ich glaube, ich werde es dem Schicksal überlassen."

Ein Kommilitone hatte sich mit dem „Würdigen Ster-

ben" auseinandergesetzt und betrachtet die Palliativmedizin:

„Ein zentrales Argument gegen die Palliativmedizin:
Beeinträchtigung wie Atemnot, Schwäche, Übelkeit
sowie weitere Probleme, die mit dem Sterben verbunden sind, können nicht alle beseitigt werden. Wenn
dies nämlich so wäre, wäre der Sterbende vermutlich
nicht sterbend."

Ein Anderer schreibt über Sterbebegleitung und
kommt zur folgenden Erkenntnis:
„Allein das Erwachsenwerden kann schon schwer ge-
nug für jemand sein, auch ohne die Tatsache, dass
man sterben muss."

Doch welche Altersvorsorge treffen Menschen heute?
Ein nicht uninteressantes Ergebnis:
„Besonders auffällig ist die Angabe einer Frau, die in
diesem Zusammenhang ihren Ehemann als ihre Art
privater Altersvorsorge sieht."

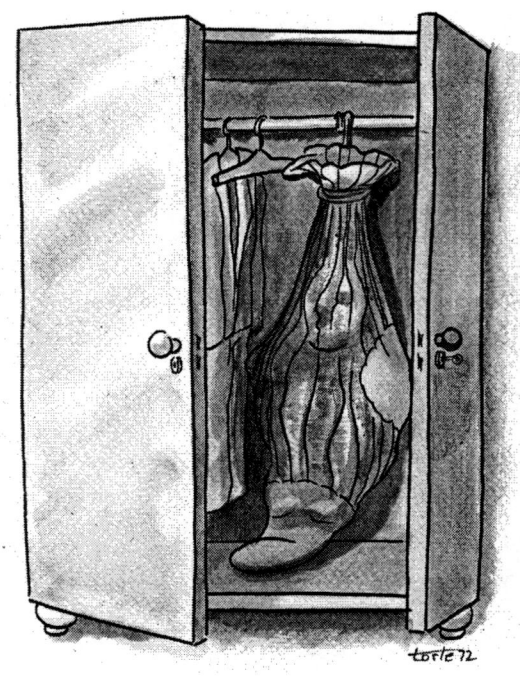

8. Migration

Ein erheblicher Teil der in Deutschland lebenden Menschen hat Migrationshintergrund. Ein schillernder Begriff. Er umfasst die Einwandernden, aber auch deren Kinder und Kindeskinder. Ungefähr ein Fünftel aller sich hier ständig aufhaltenden Menschen hat Migrationsgeschichte, wie Franz Hamburger, renommierter Migrationsforscher, es nennt.

Die Förderung von Migrantenkindern ist ein wichtiges pädagogisches Anliegen. Es geht um Sprachförderung, Integrationshilfen, berufliche Eingliederung. Es geht aber auch um die älter werdenden Migranten, um migrationsgerechte Altenarbeit.

Ein Examenskandidat betrachtet die soziale Situation der Migranten und deren Wahrnehmung durch die Mitarbeiter/innen in pädagogischen Einrichtungen in einer Arbeit zur Interkulturellen Pädagogik in den Kindertagesstätten:

„Die Öffentlichkeit ist es, die auch die Einstellungen der Menschen und der pädagogischen Fachkräfte vernebelt. Auch Erzieher/innen können dadurch oft vorurteilshaft gegenüber Migrantenkindern und ihrem familiären Hintergrund handeln. Sie sehen meistens nur die Kinder, die keine Deutschkenntnisse besitzen.

Daher sollten die Erzieher/innen, die solchen Vorurteilen unterliegen, in Kindertagesstätten ein Umdenken vornehmen, um eine wirksame pädagogische Arbeit leisten zu können."

Ein anderer schrieb dazu:

„Den Mitarbeitern ist bewusst, dass ihre Arbeit oft auf Widerstand stößt, da Migranten oft zwischen den Stühlen stehen. Sie haben Angst vor Kulturverlust, deswegen leben sie ihn häufiger aus."

Zur Förderung der Deutschen Sprache in der Kindertagesstätte:

„Das Ziel der Zusammenarbeit mit Migrantenfamilien ist es, diese Familien zu motivieren und überzeugen zu können, damit ein effizienter Spracherwerb **gefährdet** werden kann."

Da es in den Kindertagesstätten auch um das Erlernen der deutschen Sprache geht, um die Erfahrung mit der (Vor-)Lese- und Erzählkultur, im Fachchinesisch literacy genannt, kommt die Verfasserin einer Hausarbeit bei der Analyse der Bedeutung von literacy zu der Erkenntnis:

„Aufgrund der unzureichenden genaueren Definition von literacy beschreibt Ulich, wie effektiv diese Lernmethode sein kann."

Häufig gibt es bei der Anerkennung von beruflichen Qualifikationen für die Einwandernden Probleme. An einer Revision der bisher sehr rigiden Anerkennungspraxis wird derzeit auf verschieden Ebenen gearbeitet. Eine Kommilitonin schlägt eine einfache und nachhaltige Lösung vor:„In Deutschland muss jede Ausbildung und jedes Studium, was im Ausland absolviert wurde, anerkannt werden!"

Heiratsmotive und Heiratsverhalten von Frauen ausländischer Herkunft, hier türkischen Mädchen, zwischen Zwangsverheiratung, arrangierter Ehe und freier Partnerwahl werden in einer Hausarbeit anhand verschiedener Studien folgendermaßen zusammengefasst:

„Nach meinen Beobachtungen stehen ausländische Frauen in unserer Gesellschaft sicher unter einem größeren Druck in Bezug auf eine Entscheidung für die Familie als deutsche Frauen. Viel schneller werden sie mit dem Vorurteil konfrontiert, eine solche Entscheidung nicht *selbst* getroffen zu haben. Diese Überlegung ist wichtig, auch wenn einige türkische Frauen bis heute zwangsverheiratet werden und dies auf keinen Fall ausgeblendet werden darf."

„Aber auch die Tatsache, dass anschneidend (so im Original) viele Kinder und auch Jugendliche weder ihren Straßennamen, noch ihren Geburtstag nennen können, deutet auf eine enorme Bildungsarmut hin, die schon in jungen Jahren durch das Elternhaus vermittelt werden müsste."

9. Die Gesellschaft

Eines der Lieblingsthemen am Ende einer Thesis ist häufig der generelle Bezug zur Gesellschaft. Gesellschaft wird im Allgemeinen als zu kritisierende Instanz gesehen, die verhindert, dass die in der Examensarbeit dargestellten Ansätze umgesetzt werden können.

Zunächst kommt es zur allgemeinen Erkenntnis:

„Immer wieder wird in der Literatur darauf hingewiesen, dass da, wo Menschen zusammentreffen, auch Konflikte entstehen."

In einer Arbeit zum „therapeutischen Reiten und dessen Stellenwert zur Förderung von verhaltensauffälligen Kindern" stellt die Examenskandidatin resümierend fest:

„Die heutigen Präventionsansätze haben das Ziel, die Gesellschaft zu stärken, indem sie diese durch Informationen auf mögliche Situationen vorbereiten. Mit dem Ziel, die Gesellschaft zu motivieren, eigenständig mit kritischen Situationen umzugehen."

In einer Bachelorarbeit zum Stellenwert von Prävention wird folgendes Fazit gezogen:

„Allgemein sollte das Thema auch in der Gesellschaft einen beständigeren Platz bekommen, um als Problem

anerkannt zu werden, da es sehr zur Prävention bei-
trägt."

Generell gilt: „Prävention sollte bestmöglichst prä-
ventiv eingesetzt werden und zwar auf allen Ebenen
und Personenkreisen."

Auch zum Thema Gewalt und Gesellschaft wird
Grundsätzliches formuliert:

„Es gibt so viel, was man noch im Umgang mit Gewalt gegen Frauen verbessern könnte. Doch ich denke, das sprengt nun den Rahmen dieser Arbeit. Der
wichtigste Faktor meiner Meinung nach ist es, die
Gesellschaft besser über dieses Thema aufzuklären,
damit sensibler mit dem Thema umgegangen wird."

Und noch mal die Gesellschaft:

„Bei Gewalttätern handelt es sich nicht unbedingt um
einen Fremden, wie allgemein in der Gesellschaft an-
genommen wird."

Welche Aufgabe hat die Gesellschaft?

„Durch die Gesellschaft und die damit verbundenen
Wertvorstellungen, soll die Familie als gesamtes
Glück dienen." Da dies sich nicht immer erfüllt, ist
die Gesellschaft der abstrakte Grund für viele Miss-
stände:

„Die Entwicklung der Gesellschaft spielt eine Rolle,

in der die moderne Ideologie und zwar die Emotionalisierung der familialen Beziehung zum strukturellen Trend wird. Kinder werden gestraft, weil sie sich dem gesellschaftlichen Familienideal widersetzen."

In einer Ausarbeitung zum Thema „Erziehungsalltag im Wandel" kommt die Kandidatin zum grandiosen Ergebnis:

„Ich wäre gerne noch auf weitere Aspekte eingegangen, doch leider war es bereits mit dem gewählten Thema schwierig, sich zeitlich und inhaltlich abzugrenzen (…). Ich schließe damit, dass Erziehung zu jeder Zeit in jeder Familie wichtig und wertvoll ist!"

Aber auch die Massenmedien spielen häufig eine Rolle:

„Inzwischen wird die Bevölkerung von den Medien sehr beeinflusst. Eine eigene Meinung gebe es laut L. schon lange nicht mehr. Gerade durch die Meinungs- und Pressefreiheit in Deutschland wird dem Mensch eine verzerrte Welt von dem Sozialsystem präsentiert."

Die gesellschaftlichen Einflüsse zur Ausprägung geschlechtlicher Rollen lassen sich wie folgt erläutern:

„Betrachtet man unsere Gesellschaft diesbezüglich etwas genauer, ist es auch nicht verwunderlich, das Jungen und Mädchen unterschiedlich sozialisiert werden.

Eine eindeutige Unterscheidung zieht sich durch unser gesamtes Leben, angefangen bei unserer Kleidung, Toiletten, übers Spielzeug bis hin ins Berufsleben, überall werden wir geschlechtlich getrennt und entweder in die Kategorie Mann oder Frau gesteckt. Diese Offensichtlichkeit geht nicht einfach so an einem vorbei."

Allerdings hat sich die Perspektive neuerdings verändert. „Im Mittelpunkt der Geschlechterforschung steht nun nicht mehr wie diese von der Gesellschaft dazu gemacht werden, sondern wie sie selbst dazu beitragen ihre geschlechtsspezifischen Rollen zu manifestieren!"

Gesellschaftliche Vorurteile sind offensichtlich umfassend: „Die Hartz IV Kultur unterliegt im Allgemeinen keinem hohen gesellschaftlichen Ansehen. Wie bei vielen anderen Kulturgruppen, (z. B. Katholiken oder Punks) ist der Begriff Hartz IV mit Vorurteilen verbunden, die in der Gesellschaft weit verbreitet sind."

10. Wissen und Können

Die Arbeitsfelder und Aufgabenbereiche von Sozial-
arbeiter/innen und Kindheitspädagogen/innen sind
sehr vielfältig.
Was sollen folglich die Studierenden lernen, welche
Kompetenzen erwerben und wie ihre Berufsrolle ein-
üben? Werden im Studium überhaupt berufliche Fer-
tigkeiten vermittelt oder greifen die Sozialarbeiter/in-
nen auf das zurück, was sie schon vorher konnten?
„Dann kann diesen Job ja auch 'nen Maurer machen",
dies war das kritische Fazit einer Untersuchung des
beruflichen Handelns von Jugendarbeitern.
Ein Student äußerte sich dazu in seiner Einleitung der
Diplomarbeit: „Zwar könne man derzeit noch nicht
von einer wissenschaftlichen Profession sprechen. Allerdings hat der Studiengang Soziale Arbeit generell
in den letzten Jahren an Professionalität gewonnen,
was sich allein daran erkennen lässt, dass es angehen-
den Sozialpädagogen noch vor sechs Jahren möglich
war, eine Diplomarbeit zu schreiben, ohne dafür ein
Buch zu lesen. Dies ist inzwischen sicherlich so gut
wie ausgeschlossen."

Eine angehende Sozialarbeiterin stellte in ihrer Arbeit

fest: „Für den Arbeitsbereich der Sozialen Arbeit sind keine formalen Qualifikationen erforderlich!"

Eine Praktikantin in einer Kita attestiert sich in ihrem Bericht lakonisch große Kompetenz: „Durch meine ruhige und besonnene Art bin ich besonders für diesen Bereich geeignet."

Eine Andere bezieht sich auf das notwendige Fachwissen: „Die Aneignung wissenschaftlicher Grundlagen sei nicht einfach, denn, in der Sozialen Arbeit gibt es viele Primaten."

Gemeint waren Paradigmen.

So helfen vielleicht Hinweise zur Sozialen Diagnose weiter, eine angemessene Methodenkompetenz zu erwerben: „Um eine Antwort auf die bevorstehende schwierige Situation zu finden, ist es wichtig, darauf aufmerksam zu machen, dass ein Angehöriger nicht gleich Angehöriger ist."

Was ist das angemessene Verhalten von Erzieherinnen?

„Pädagogische Fachkräfte haben im Kinderalltag die Aufgabe, die Bedürfnisse der Kinder zu berücksichtigen. Hierbei stellt sich die Frage, ʹwie sich Erzieherinnen dabei trotzdem **enthalten** können?ʹ"

In einer vergleichenden Analyse zwischen Deutschland und Vietnam kommt die Examenskandidatin zu dem Ergebnis:

„In Vietnam wird in Unterschied zu den Sozialarbeitern in Deutschland großen Wert auf den moralischen Lebenswandel der Sozialarbeiter gelegt!"

Aus einer Bachelorarbeit zum Heilpädagogischen Reiten. Wann ist dies sinnvoll, wann nicht?

Es ist „sehr wichtig, dass die Reitpädagogin genauestens über die Kontraindikationen Bescheid weiß. Sie sollten ihre Adressaten gut kennen und diese immer im Auge behalten. Es ist vor jedem Reiten wichtig, aktuelle Ereignisse zu erfragen. So ist es beispielsweise nicht gut, direkt nach einer Operation zu reiten."

Sog. Tiergestützte Pädagogik bzw. Therapie hat sich in den letzten Jahren als durchaus respektable Methode in unterschiedlichen Handlungsfeldern der Kinder-, Jugend-, Erwachsenen- und Altenarbeit ausdifferenziert. Doch erscheinen einige in einer BA-Thesis beschriebenen Anwendungsgebiete als diskussionswürdig:
„Wird ein Hund beispielsweise in der Physiotherapie eingesetzt, kann ein/eine PatentIn mit einem Beinbruch, den auf dem Tisch positionierten Hund, im Stehen streicheln. Dies fördert den Muskelaufbau."
Schließlich gilt generell: „Wenn Menschen mit Tieren eine Beziehung eingehen, verbessert das ihr allgemeines Wohlbefinden und damit auch die Lebensqualität." So kann zwischen Mensch und Tier eine Bindung entstehen: „Das Tier akzeptiert sein Gegenüber, unabhängig von gesellschaftlichen Wertvorstellungen und Normen. Interessant zu erforschen wäre hierbei, ob eine Bindung zu einem Tier eine unsichere Bindung zu einer sicheren ausgleichen kann."

11. Last but not least:

Für alle Fußballfans eine gute Nachricht zu einem Bundesligaspiel:

„4000 Fans versuchten durch ein kl. Loch im Zaun sich zu quetschen, um in den Innenraum des Stadions zu gelangen. Es gab glücklicherweise nur zahlreiche Verletzte."

Der Schluss sei einem Anhänger Jean Jacques Rousseau gegönnt, der den „Emil" frei interpretiert. Offensichtlich verfügte Rousseau (er hat bekanntlich von 1712 bis 1778 gelebt und 1762 sein Werk in Amsterdam veröffentlicht) nicht nur über klare Vorstellung zur Gentleman-Erziehung, sondern antizipierte ein unseren Alltag stark prägendes Medium:

„Wie alt Menschen werden spielte für Rousseau eine untergeordnete Rolle, wenn sie während ihres Lebens gelebt haben und nicht, wie man heutzutage sagen könnte, zwar durchschnittlich älter werden als noch vor zweihundert Jahren, aber dafür stundenlang Fernsehen konsumiert haben. Nach Rousseau ist dies tote Zeit, die nicht Leben nach seiner Definition beinhaltet."

12. Epilog:

Es kann versichert werden, dass diese 'Analysen`, Texte und Beschreibungen aus Diplom-, Bachelor- und Hausarbeiten stammen. Sie wurden im Wesentlichen unverändert wiedergegeben, auf jeden Fall nicht in ihrem Sinngehalt verändert. Bisweilen habe ich einzelne Passagen hervorgehoben.

Diese Texte stammen von Studierenden aus mehr als 40 Jahren Lehre, doch habe ich erst in den letzten zrhn Jahren intensiver Stilblüten und Arabesken gesammelt.

Diejenigen, die sich vielleicht wiedererkennen, tun dies in der Gewissheit, mittlerweile in den häufig schwierigen und sehr verschiedenen Feldern der Sozialen Arbeit gute Arbeit zu leisten.

So sagen diese Stilblüten mehr über den Studienalltag und das stetige Ringen um das Erarbeiten wissenschaftlicher Grundlagen und das Anfertigen von Abschlussarbeiten aus, denn über die tatsächliche Praxis, den Erfolg und die weitere berufliche Entwicklung.

Es kommt aber - bisweilen - vor, dass Ehemalige im Nachhinein äußern oder schreiben: „Es war doch ganz gut, uns unsere Fehler aufzuzeigen und auf Prinzipien wissenschaftlichen Arbeitens nicht nur hinzuweisen, sondern auch deren Einhaltung einzufordern. Denn in meiner beruflichen Praxis muss ich klar-strukturierte Berichte schreiben!"

Sozialarbeiter haben sich mittlerweile in vielen gesellschaftlichen Bereichen angesiedelt, man findet sie auch in der Politik, in Verbänden, in internationalen staatlichen Organisationen und NGOs sowie in diversen Medienbereichen. Ein englischer Soziologe – Anthony Giddens - hat in einem seiner Werke beschrieben, wie soziologisches Wissen in den Alltag eindringt und übernommen wird. Dies gilt ebenfalls für Soziale Arbeit: Erziehungsfragen und -probleme werden zum Gegenstand von populären Zeitschriften und Fernsehsendungen. Die Profession und Disziplin gewinnt an Konturen. Angehende Sozialpädagoginnen bearbeiten viele Themen, setzen sich intensiv mit sozialen Problemen auseinander und versuchen, soziale Schieflagen zu verringern, doch es geht auch um das Wohlbefinden von Menschen und so gerät auch das well-being in den Blickpunkt einer BA-Thesis:

„Zum Glück gibt es keine Pauschalreise. Eine gedankliche Wanderung auf dem Pfad zum Selbst in einer postmodernen Gesellschaft."

Allen ehemaligen Studierenden, die zu diesem Büchlein durch ihr Ringen um einen Text, eine angemessene Formulierung beigetragen haben, sei vielmals gedankt. Namen werden hier natürlich nicht genannt. Der Kollege Prof. Udo Wilken und meine Frau Sylke Bosse-Vahsen haben die Texte gründlich gegengelesen und Herr Jan Tosberg vom ATE-Verlag alles in die jetzige Form gebracht. Die Cartoons sind das schöpferische Produkt von Torsten Bähler, der in einem mehrjährigen Prozess die „Stilblüten" illustriert hat.

Für Fehler bei der Wiedergabe der Passagen aus schriftlichen Prüfungsleistungen bin allerdings ich alleine verantwortlich!

Friedhelm G. Vahsen

Literatur:

Gerhard Amendt, Scheidungsväter, Wien 2004

Pierre Bourdieu, Das Elend dieser Welt, Frankfurt/M. 1982

Anthony Giddens, Konsequenzen der Moderne, 3. Auflage, Frankfurt/M. 1999

Franz Hamburger, Abschied von der Interkulturellen Pädagogik, Plädoyer für einen Wandel sozialpädagogischer Konzepte, Weinheim, Basel 2012

John Hattie, Visible learning for teachers, New York 2012

Tomke König, Familie heißt Arbeit teilen, Transformationen der symbolischen Geschlechterordnung, Konstanz 2012

Jean Jaques Rousseau, Emil oder über die Erziehung, erster Band, (Orginal Amsterdam 1762), Hamburg 2010

Frank Schirrmacher, Das Methusalem-Komplott, München 2004

Dietrich Schwanitz, Campus, Hamburg 2009

Richard Thaler und Cass R. Sunstein, Nudge, Wie man kluge Entscheidungen anstößt, 3. Auflage, Berlin 2009

Werner Thole/ Ernst-Uwe Küster-Schapfl, Erfahrung

und Wissen, Deutungsmuster und Wissensformen von Diplom-PädagogInnen und SozialpädagogInnen in der außerschulischen Kinder- und Jugendarbeit, in: Zeitschrift für Pädagogik, Heft 6, 1996.
Die „Zeit" (Nr. 2/2013).